[响应儿童的学程]
梧桐树下的童年

丛书主编 / 李晓艳

OM任我行

主　编　许　燕
参　编　方婷婷　马玉龙　薛浩然
　　　　贺　佳　王　薇　胡　青

华中科技大学出版社
中国·武汉

在响应儿童的个性需求中寻求教育意义

——"响应儿童的学程"丛书主编寄语

华中科技大学附属小学是教育部直属的高校附小，学校以"全人教育"思想为指导，提出了"给孩子完美的童年，让师生完满地成长"的办学理念，致力于实现"把附小办成一所面向未来、有科学涵养和人文关怀的现代化学校"的办学目标，让学校成为学生喜爱的地方，并促使学生能"平衡发展，快乐成长"。

在多年的办学历程中，学校认识到只有承认个体差异性，只有尊重个性，即尊重那种"属于他自己的、别人无法代替的东西"，全人教育才能实现；只有成全和成就每个孩子，才能"走向真实的教育"。

《国家中长期教育改革和发展规划纲要（2010—2020年）》强调：坚持全面发展与个性发展的统一；关注、尊重学生个性，促进个性发展；创造条件开设丰富多彩的选修课，为学生提供更多选择，促进学生全面而有个性的发展；关注学生的不同特点和个性差异，发掘每一个学生的优势潜能。

不久前正式发布的《中国学生发展核心素养》提出以培养"全面发展的人"为核心，提出要培养学生的"人文底蕴和科学精神"，强调要使学生"认识和发现自我价值，发掘自身潜力"，强调培养学生"具有问题意识；能独立思考、独立判断；思维缜密，能多角度、辩证地分析问题，做出选择和决定等"，这些思想理念都已很好地体现在了附小的学校文化中。

课程，是学校提供教育服务的"产品"，也是学校的核心竞争力。让学生喜欢课程，既是学校办学"学生立场"的重要体现，也是学生自我生命个体"平衡发展，快乐成长"的内在需求。从某种意义上说，课程的个性化导向也是体现学校办学特色的主要方式。

基于上述考虑，学校提出了建立"响应儿童的学程"的课程开发理念。从课程入手，让课程为学生的个性成长服务，建立响应儿童需求的学习历程和学习课程，通过课程的选择性服务于学生成长的全面性。

在"响应儿童的学程"的理念指导下，学校在立足国家课程、开发校本课程、整合课外活动的基础上，精心设计了"助力完美童年的个性化课程体系——Ω课程体系"。

Ω课程体系从实施的途径上看，分为国家课程、校本必修课程和校本选修课程等三类。国家课程和校本必修课程是面向全校所有学生的课程，旨在促进学生核心素养的全面充分发展，体现其基础性、完整性和系统性。校本选修课程是学生依据自己的兴趣、需求自主选择的课程，旨在满足学生的个性需求，促进学生的个性发展。该类课程多为综合类课程，体现其选择性、综合性和实践性。这一整体课程结构着眼于在总体上实现"平衡发展，快乐成长"的培养目标，实现全人教育与个性教育的统一、科学教育与人文教育的融合。

课程对学生的教育意义不言而喻，而教育赋予的课程才是有价值的。"响应儿童的学程"丛书由"个性化课程整体开发研究""学习者中心的校本课程开发"和"梧桐树下的童年"等三个系列组成，分别呈现了华中科技大学附属小学Ω课程体系的理论与实践研究、学校校本课程和国家课程校本化实施的成果。我们努力借助"响应儿童的学程"丛书来传递我们坚持儿童立场，让课程适应每一个孩子，让每一个孩子成为最好的自己的教育观念。我们也寄希望于丛书的出版，让课程更富有教育的意义，从而增强课程开发者和执行者教书育人的使命感。

李晓艳

2016年9月28日

前 言

2014年9月，华中科技大学附属小学（以下简称华科附小）校本课程——"慧心"应运而生。课程秉承"大综合"的理念，融合头脑奥林匹克活动、品德与生活（社会）、综合实践活动、劳动与技术等方面的内容，充分体现综合性、创造性、生活性、开放性、探究性、实践性、合作性等特点。课程倡导三个结合，即动手与动脑结合、科学与艺术结合、自然与人文结合。"慧心"是本课程的最高目标，意即"智慧的心灵"——用智慧（创造力、健全的人格）把世界变得更美好。本课程设计源于华科附小"平衡发展，快乐成长"的培养目标，力图打造华科附小学生心目中"最好玩"且终身受益的课程。

目前，"慧心"已是华科附小最受学生欢迎的课程之一！常规教学中，我们将"OM"题目作为内容载体，根据学生的认知规律，编排学习内容，设计学习方式，通过删减、融合、增补、重组，融合以创新、自主、体验、开放、生动、合作、竞争为主要特征的"主题模块"式学习任务，形成较为完整的融合课程体系。自本课程开设以来，极大地激发了华科附小学生的创造潜能，提升了创新思维品质，培养了华科附小学生积极向上、刻苦钻研的精神及诚恳大度、团体协作的品格。近两年来，华科附小学生在头脑奥林匹克赛事中，从学校走到武汉市，走到全国，再走到美国的世界级决赛。丰硕的奖项承载着华科附小学生的付出与努力，也见证着华科附小学生的智慧与实力。

《OM任我行》儿童读本是我校"慧心"课程研究成果之一，它借鉴了头脑奥林匹克中的即兴题，再结合老师的教学实践，编订了语言类、动手类、家庭类三大块的即兴题，旨在让孩子在有趣、好玩的氛围中"站着思考"，让创造力变得有趣、简单。同时，也希望能为社会上更多的家庭和孩子提供一点借鉴和帮助。

玩是孩子的天性，孩子的任务就是不断地在"玩"中认识与探索世界，体验并适应这个世界，这与华科附小"给孩子完美的童年"办学理念不谋而合。

亲爱的孩子、亲爱的爸爸妈妈，只要你们有一点儿闲暇时间，碰巧家里还有一些常见的废旧材料和玩具，这本书你们就"玩"定了。

孩子，如果你喜欢独自完成，那么自创好点子会让你快乐无穷。你会亲身感悟"过程重于结果"，亲自参与、亲自动手的乐趣远胜于结果完美的道理！当然，不管你是自诩为动手达人还是脑力强人，都必须与爸爸妈妈一起协作来露一手！

亲爱的读者，你们在使用本书时，可以根据书中的要求练习。关于题目的时间要求，语言题一般为5分钟，动手题一般为10分钟，但有些题目也可略作变化。语言题训练可以从三个方面考量：一是思维的流畅性，在规定时间内答案越多越好；二是思维的灵活性，答案涉及范围越广越好；三是思维的独创性，越是与众不同的答案越能得高分。

本书目录中的图片为华科附小首届附小OM徽章设计前十名的作品，均为华科附小学生原创设计。书中还涉及几个"人物"，一位是世界头脑奥林匹克的吉祥物小浣熊，另两位是翔翔和飞飞。

小浣熊的中文名叫奥梅儿，他的伟大理想是用创造力改变世界，爱好是与世界各地的小朋友玩游戏。本书中，他主要负责向读者介绍每一篇切入和创意区记录的内容，担当的是向导和裁判之职！

飞飞和**翔翔**皆为华科附小的吉祥物，意即"附小的儿童，如鸟儿一般自由飞翔"。在本书中，飞飞提供思考的方向，翔翔则承担着创意回答的列举任务。期望所有的孩子拥有智慧的心灵，用智慧（创造力、健全的人格）把世界变得更美好。

"玩"本书的过程中，爸爸、妈妈、孩子可以轮流回答或一起动手，这既增强了亲子的关系，又增加了家庭的学习氛围。

凡是创造性的题目均没有标准答案，因此书中人物对话等仅作参考。

预祝你们"玩"得开心！"玩"出新花样！

由于编者水平有限，书中难免存在不足，恳请读者批评指正。

许燕

2016年10月

目录

第一章 说的创想

一、生活篇
- 生活中的动物　　/15
- 动物的功能　　/17
- 动物与自然现象　　/19

二、思维篇
- 永不变的事物　　/23
- 破得好　　/25
- 雨中歌唱　　/27

三、情绪篇
- 我不想……　　/31
- 情绪变化　　/33
- 心跳　　/35

四、逻辑篇
- 上学早到了　　/39
- 借口　　/41
- 特异功能　　/43

第二章 动的诀窍

一、"纸"趣
- 包东西 /49
- 纸船承重 /52
- 纸张叠高 /55

二、"球"乐
- 巧运乒乓球 /61
- 小球的高度 /65
- 粘球 /68

三、"管"悦
- 摩天大楼 /75
- 架桥滚球 /78
- 紧急救援 /81

四、"瓶"愉
- 瓶子装物 /87
- 投"球"入瓶 /91
- 放物入瓶 /94

第三章 家庭秀场

- 服装秀　　　　　/100
- 家庭图腾柱　　　/104
- 纸绳拖重　　　　/108
- 口述折纸　　　　/112
- 家庭乐队　　　　/116
- 自制CD　　　　　/120

第一章
说的创想

- 一、生活篇
- 二、思维篇
- 三、情绪篇
- 四、逻辑篇

一、生活篇

- 生活中的动物
- 动物的功能
- 动物与自然现象

亲爱的小朋友，你一定对迪士尼和米老鼠不陌生吧！你知道它们是怎么来的吗？闻名遐迩的迪士尼（The Walt Disney Company）创始人是沃尔特·迪斯尼。他少年时穷困潦倒，曾经在地下车库看到一只跳跃的老鼠，不久后，失业的他在沮丧时回想起那只老鼠，便画出了一只老鼠的轮廓，取名为米老鼠（Mickey Mouse）。从此，沃尔特一举成名，米老鼠也成为风靡全球的动画人物。

一只小小的老鼠竟然能改变一个人的一生，还创造了人类共同的精神乐园，这不得不归功于沃尔特·迪斯尼丰富的想象力。其实，放飞想象的翅膀，你就会发现，生活很奇妙！

"慧心"链接

想象力是一颗神奇的种子，鲁班看见带齿边的叶子能划破手指，就联想到制造锯子；莱特兄弟想到鸟类的飞翔，便发明了飞机；瓦特留意到开水沸腾的情景，就改良制造了蒸汽机。想象力是创造力的得力助手，有了大胆而合理的想象，许多不可能就变成了可能。"海阔凭鱼跃，天高任鸟飞"，大自然的一切都可以引发孩子们的无限遐想，在孩子的头脑中，将演变成无数美好而新奇的童话。

如果你想要感受想象力的快乐与惊喜，那请做一个有心人吧！眼睛里装得下美妙的世界，脑海中转得起飞舞的思绪，善于联想，勤于思考，你就会发现，创意如影相随，无处不在！

1. 生活中的动物

脑力热身操

你喜欢可爱的猫和狗吗?

瞧,穿靴子的猫帅气十足,闪电狗则一脸正气。生活中不乏惹人怜爱的动物,如憨态可掬的大熊猫、灵巧温顺的小白兔……赶紧找一找,它们有什么相同的地方?

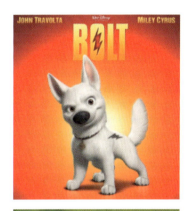

小试牛刀

问题: 请说说猫与狗的相同之处或不同之处。
时间限制: 1分钟思考,5分钟作答。
得分: 每个普通回答得1分,每个创意回答得5分。

创意记录区（请把尽可能多的答案写在下面）

普通回答举例

○ 它们都有两只眼睛四条腿。

○ 狗对骨头情有独钟，猫的最爱是鱼。

○ 猫是喵喵叫，狗是汪汪叫。

创意回答举例

○ 爬树比赛时，猫得了冠军，狗失败了。

○ 我家的猫和狗都爱看Tom and Jerry（《猫和老鼠》）。

Tip

○ 你可以联系生活寻找答案，也可以展开想象哦！

○ 你还可以将一种具体的情景幽默地描述出来，例如，猫和狗同时出现在这个问题中……

2. 动物的功能

 脑力热身操

每种动物都有自己的独特之处，鱼儿在水中快乐地游动，鸟儿在空中自由地飞翔，而有些动物则水陆行动自如。如果可以，你想体验它们的生活吗？

小试牛刀

问题：说说你想拥有某种动物身体的哪个部分，为什么？

时间限制：2分钟思考，5分钟作答。

得分：每个普通回答得1分，每个创意回答得5分。

创意记录区（请把尽可能多的答案写在下面）

普通回答举例

○ 我想有猴子的尾巴，这样我就可以倒挂在树上。

○ 我最想要鸟的翅膀，这样我就可以随意飞行了。

○ 我想要美洲豹的腿，这样我就可以跑得很快。

创意回答举例

○ 我想有一个蜗牛壳，这样我在偷懒打盹的时候，妈妈就找不到我了。

○ 我想要变色龙的皮肤，这样我就是躲迷藏冠军了。

Tip

○ 你可以通过观察去寻找答案，也可以大胆假设哦！

○ 试着将生活中常见的情形联系到问题中，发挥你的想象力吧！

3. 动物与自然现象

 脑力热身操

"乌云满天电光闪，风呼呼，雨哗哗，吓得小鸡叽叽叽，乐得小鸭嘎嘎嘎……"，还记得这首小诗吗？

雪中的企鹅看起来依旧欢乐自如，乌龟则喜欢在温暖的午后爬上石头晒太阳，看来，动物们对天气也各有喜好呀！

小试牛刀

问题： 这里有动物和自然现象各5种。动物有熊、狮子、鲸鱼、大象、猴子；自然现象有下雨、刮风、下雪、天晴、冰冻。请说说各种动物和自然现象之间的联系。

时间限制： 1分钟思考，5分钟作答。

得分： 每个普通回答得1分，每个创意回答得5分。

创意记录区（请把尽可能多的答案写在下面）

普通回答举例

- 下雨时，熊会全身湿透。
- 一只狮子在风中走。
- 猴子喜欢晴天。

创意回答举例

- 这只北极熊的名字叫冰块。
- 狮子喜欢下雪，因为猎人回家了。
- 大象用鼻子吸水、洒水，就像下雨。

Tip

- 自然地联系起一种动物与自然现象只能算普通回答哦！
- 你可以想象一种场合，将动物与自然现象巧妙地联系起来，尽量想象与之有关联的事物，如泰迪熊、名字叫冰冻……

二、思维篇

- 永不变的事物
- 破得好
- 雨中歌唱

一定有许多人问过你："是喜欢爸爸还是喜欢妈妈呢？"你是如何回答的呢？也许你想了很久也不知如何回答。

如果我们换个角度思考，回答这个问题就很简单。"这是一个秘密，不能告诉你"，或者"我和你的答案一样"；打破惯性思维，不陷入是与还是的选择中。生活中，常常需要我们打破惯性思维，这样才能更快、更好地找到解决问题的办法，或者弄清事情的本质！

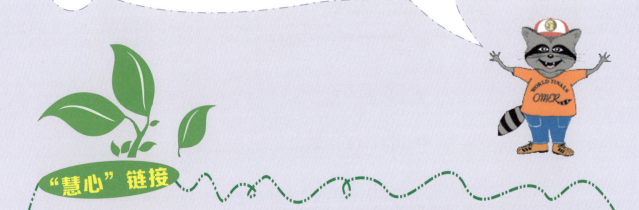

"慧心"链接

一位画家创作了一幅颇为满意的画，准备拿到画廊去展出。为了提高自己的绘画技艺，他在旁边放了一支笔并附上自己的要求：哪位观众认为这幅画有欠佳之处，请在画上标出来。晚上画家取回画时，发现画上做满了记号，几乎没有一处不被质疑。这让他很懊恼，于是他决定换一种方式试试。第二天，画家临摹了原画拿到画廊，不过这次的要求与上次的恰恰相反，要求观众将自己认为最妙的地方都标出来。再次取回画时，发现画依然做满了记号。只是原先被指出欠佳的地方，现在都成了妙处。

面对同样一幅画，如果预设"这幅画有很多缺点等着自己去发现"，你就会用挑剔的眼光去审视，这幅画就全是缺点；如果预设"这幅画有很多优点等着自己去寻找"，你就会用欣赏的眼光去琢磨、观赏，这幅画就全是优点，可能还会让你回味无穷。如果我们能打破惯性思维，从不同的角度去审视同一个事物，树立辩证的思维方式，得出的结论就会完全不同。

1. 永不变的事物

 脑力热身操

咦，这些图片都是变化的事物！

真高兴，你轻而易举地发现了它们的共同点，那聪明的你能找出它们变化中的不变吗？赶紧试试吧！

小试牛刀

问题：请说出一些永远不会改变或不能改变的事物。
时间限制：1分钟思考，5分钟作答。
得分：每个普通回答得1分，每个创意回答得5分。

创意记录区（请把尽可能多的答案写在下面）

普通回答举例

○ 地球总是围着太阳转。
○ 高速公路早晚总是很拥挤。
○ 每次没写作业，妈妈总是批评我。

创意回答举例

○ 母爱永远不变。
○ 改变永不改变。

Tip

○ 你可以联系自然现象去寻找答案，也可以对联想的对象进行一些想象，不一定是实际的事物哦！

○ 你还可以对生活细节及形态加以描述，并加入自己的思考，结论会令人耳目一新。

2. 破得好

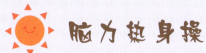

怎么办？一不小心足球踢到了邻居家的玻璃窗上，玻璃破了。小伙伴，别着急，开动你聪明的大脑，先想想怎么合理地处理吧！再想想生活中哪些东西打破还是很美好的事情呢？

小试牛刀

问题： 说说什么时候打破东西或东西被打破是一件好事。
时间限制： 1分钟思考，5分钟作答。
得分： 每个普通回答得1分，每个创意回答得5分。

创意记录区（请把尽可能多的答案写在下面）

普通回答举例

- 短跑运动员破纪录。
- 电影打破了票房收入纪录。
- 销售纪录被打破。

创意回答举例

- 高烧退了。
- 当汽车被撞坏时，修理工得益。

Tip

- 你可以联系生活中的常见现象回答，也可以对看见的事物进行比喻哦！
- 你还可以联系自身的特点答题，也可试着巧妙地运用广告语句，会产生出人意料的结果……

3. 雨中歌唱

脑力热身操

呀！下雨了！不过在雨中唱歌，也是一件有趣的事。看看图中的情景多糟糕！发挥你的创意，让坏事变成好事吧！

小试牛刀

问题： 创造一个糟糕的环境，让事物转化，使其看上去像是一件好事。

时间限制： 1分钟思考，5分钟作答。

得分： 每个普通回答得1分，每个创意回答得5分。

创意记录区（请把尽可能多的答案写在下面）

普通回答举例

○ 停电了，锻炼了我的胆量。

○ 我忘了做作业，但老师第二天说作业布置错了。

○ 我以为今天要迟到了，最后发现今天是星期六。

创意回答举例

○ 我从自行车上摔了下来，落在棉花糖做成的街道上。

○ 我被冰雹砸中，享受了免费的背部按摩。

Tip

○ 你可以联系生活去寻找答案，也可以天马行空地去想象哦！

○ 你还可以试着分类思考去寻找答案，比如先想食物类，再想玩具类……

三、情绪篇

- 我不想……
- 情绪变化
- 心跳

亲爱的小伙伴们，你们看过《头脑特工队》这部电影吗？电影中的主人公莱莉因为父亲的工作要搬迁至旧金山适应新环境，然而，此时莱莉脑中控制欢乐与忧伤的两位脑内大臣乐乐与忧忧迷失在茫茫脑海中，大脑总部只剩下掌管愤怒、害怕与厌恶的三位干部负责，于是乐观的莱莉变成了愤世嫉俗的少女……

也许你会发出"电影中的莱莉脾气和我好像啊"这样的感慨，也许你会和主人公一起享受"痛苦之后的喜悦"这份珍贵的"核心记忆"，也许……

情绪时刻陪伴着我们，我们的成长需要五颜六色。

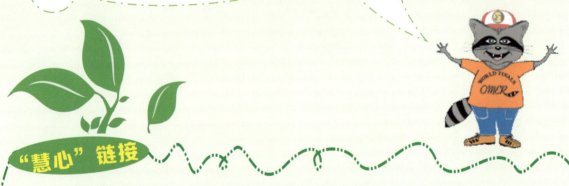

"慧心"链接

《头脑特工队》这部电影采用动画卡通的形式，形象地给观众普及了有关情绪的心理学知识。

喜、怒、哀、惧，这是人们常说的4种基本情绪。人类到底有多少种情绪呢？美国著名的情绪心理学家罗伯特·普鲁奇克认为，人有8种基本情绪，即快乐与悲伤、愤怒与恐惧、信任与厌恶、期待与惊讶。

其实，人的情绪很复杂，不是简单的几个词就能涵盖的。随着思维的提升，人的情绪可能由比较单一的喜、怒、哀、惧衍生出尴尬、羞耻、内疚、自豪等多种情绪交织在一起的情况。

每种情绪都有其自己的功能，保持快乐固然是美好的，但是多种情绪融合，才会让情感更丰富。

1. 我不想……

 脑力热身操

每个人都有自己喜爱的东西或喜欢做的事情，就连动物和植物也不例外。开动你的脑筋，说说你喜欢的东西或喜欢做的事情吧！看以下图片，你喜欢什么呢？

小试牛刀

问题： 将"我不想＿＿＿＿＿＿＿"这句话补充完整。

时间限制： 1分钟思考，3分钟作答。

得分： 每个普通回答得1分，每个创意回答得3分。

创意记录区（请把尽可能多的答案写在下面）

普通回答举例

○ 迎风走路。

○ 输给对手。

○ 被一个比我强壮的人按在墙上。

创意回答举例

○ 和最聪明的孩子辩论。

○ 和时间赛跑。

○ 做我不想做的事。

Tip

○ 你可以按照自己的实际想法进行回答，也可以充分发挥想象哦！

○ 你还可以先从生活入手，试着分类思考去寻找答案，比如不想吃的食物、不想做的事情……

2. 情绪变化

 脑力热身操

人的情绪是丰富多彩的，同时也是千变万化的。你能说出尽可能多的形容情绪的词语吗？先试试从以下图中展示的情绪说起吧！

小试牛刀

问题： 将"我变得高兴（害怕/生气），因为_____"这句话补充完整。

时间限制： 1分钟思考，2分钟作答。

得分： 每个普通回答得1分，每个创意回答得3分。

创意记录区（请把尽可能多的答案写在下面）

普通回答举例

- 我变得高兴，因为我得到了礼物。
- 我变得害怕，因为我做了噩梦。
- 我变得生气，因为人们嘲笑我。

创意回答举例

- 我变得高兴，因为我成为了蝙蝠侠。
- 我变得害怕，因为我想不出答案，拖累了团队。
- 我变得生气，因为我的发梢都翘起来了。

Tip

- 你可以联系自己的生活实际去寻找答案，也可以发挥创意和想象哦！
- 你还可以根据情绪的类别去寻找答案，比如喜、怒、哀、惧……

3. 心跳

 脑力热身操

生命不息，跳动不止！瞧！跳动的人们、跳动的金鱼、跳动的音符和跳动的色彩，发挥你的想象，说说还有哪些事物是跳动着的。

小试牛刀

问题： 说说在什么情况下会心跳加速？
时间限制： 1分钟思考，2分钟作答。
得分： 每个普通回答得1分，每个创意回答得3分。

创意记录区（请把尽可能多的答案写在下面）

普通回答举例

- 跑步、跳跃、举重、走路等体力活动。
- 在黑暗中很惊恐。
- 拿了一张差的成绩汇报单。

创意回答举例

- 发现一种新的动物。
- 遇到一种失去控制的危险情况。
- 赢得冠军。

Tip

- 你可以先联系生活实际去寻找答案，再充分发挥你的奇思妙想哦！
- 你还可以让回答更幽默些。

四、逻辑篇

- 上学早到了
- 借口
- 特异功能

亲爱的同学们，你有过与人辩论却一时语塞、无言以对的时候吗？有过试图说服他人却理由不充分、条理不清晰的时候吗？

生活中，那些侃侃而谈而又条理清晰的人，总是能轻而易举地将一件事情讲得清楚、明白，不禁让人心中惊叹他们超强的语言表达能力，然而，这可不仅仅是嘴上功夫，支撑他们的可是严谨的逻辑思维。

你可不要小看逻辑思维哦！无论是解决学习中的问题，还是应对生活中的难题，你都需要它！你想拥有大师级的语言逻辑能力吗？还等什么，快来接受挑战吧！

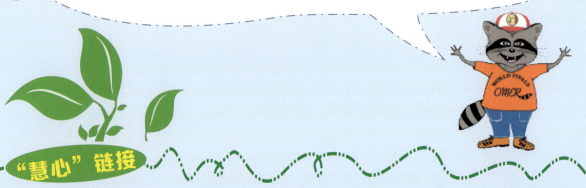

"慧心"链接

有一次，日本一家公司给我国一家公司寄来一箱技术资料，清单上写明资料有6份，但是开箱清点后发现只有5份。于是，我方人员就向日方交涉。日方说："我方提供给贵方的资料，装箱都要经过几次检查，不可能漏装。"我方说："我们开箱时有多人在场，开箱后又经过几次清点，是在确定资料缺少后才向你们交涉的。"双方各执一词，谁也没有说服谁，交涉毫无结果。我方认真分析了这次交涉失败的原因，认为我方在交涉中虽然说了一些理由，但是理由很不充分。于是，我方重新理顺思路，再去交涉。

这次我方充分发挥了逻辑思维的作用，首先列举资料缺少的三种可能："或是日方漏装，或是运输途中散失，或是我方开箱后丢失。"日方同意了这种说法。于是我方提出："如果资料是运输途中散失的，那么木箱肯定有破损，现在木箱完好无损，所以，资料不可能是运输途中散失的。"接着我方又指出："如果资料是我方开箱后丢失的，那木箱上的净重应该大于现有5份资料的净重。现木箱上所印的净重正好和现有5份资料的重量相等，所以，资料不可能是我方开箱后丢失的。"最后，我方提出："既然一共只有三种可能，而后两种可能已被否定，那就只有一种可能，即资料缺少是由日方漏装造成的。"

我方的推理完全合乎逻辑，理由非常充分，日方无法辩驳，只得回去查询漏装一事。结果明确系日方漏装，最终问题得到圆满解决。

1. 上学早到了

脑力热身操

好想念汉堡的味道啊！可怎么才能让老爸老妈带我去吃呢？

同学们，以下图片中有你的小愿望吗？找到合适的理由，实现它吧！

小试牛刀

问题： 将"星期五，我到学校早了一个小时，是因为_____"这句话补充完整。

时间限制： 1分钟思考，5分钟作答。

得分： 每个普通回答得1分，每个创意回答得5分。

创意记录区（请把尽可能多的答案写在下面）

普通回答举例

○ 失眠起早了。
○ 路上畅通无阻。
○ 学校要求的。

创意回答举例

○ 老师的老花眼镜摔了，看错了时间。
○ 我的鞋子太积极了。

Tip

○ 你可以试着站在对方的角度去思考，哪些理由能说服他。

○ 你还可以试着从身边的事由说起，比如衣、食、住、行。

2. 借口

脑力热身操

亲爱的同学们，生活中的你是不是总有意无意地为一些事情找借口呢？那些借口，有的听上去合情合理，有的却漏洞百出。看看以下图中的画面，试分别为其找出可信和不可信的借口吧！

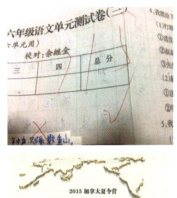

小试牛刀

问题： 小白兔不想和伙伴玩危险游戏，请帮它想一些拒绝伙伴的可信借口。

时间限制： 1分钟思考，5分钟作答。

得分： 每个普通回答得1分，每个创意回答得5分。

创意记录区（请把尽可能多的答案写在下面）

普通回答举例
- 我的身体不舒服。
- 我还没有完成妈妈吩咐的家务呢！
- 姐姐和我约好了去外婆家。

创意回答举例
- 可以参加，但请允许我隐形。
- 那我负责监督你们做游戏吧！

Tip

- 你可以试着想想那些不切实际而自己都觉得好笑的理由。
- 你还可以试着从身边的理由说起。

3. 特异功能

脑力热身操

瞬间移动、控制天气、读心术、治愈……哇！拥有超能力的人真酷呀！聪明的你，看看以下图片中的情境，说说你想具有哪些超能力吧！

小试牛刀

问题： 如果有一种特异功能，你希望是什么？为什么？

时间限制： 1分钟思考，5分钟作答。

得分： 每个普通回答得1分，每个创意回答得5分。

创意记录区（请把尽可能多的答案写在下面）

普通回答举例
- 长得更高，这样没人再叫我矮子了。
- 能隐形，这样我就能跟踪别人了。
- 过目不忘，这样考试我就能得高分了。

创意回答举例
- 长得高，这样我就知道谁秃顶了。
- 能飞，我就不用穿坏鞋子了。

Tip

- 试着不按问题的顺序来思考。想想自己在什么情形下可以用哪种特异功能。
- 你还可以试着在特殊场合中用常见超能力或在普通场合运用创造性能力。

第二章

动的诀窍

一、"纸"趣

二、"球"乐

三、"管"悦

四、"瓶"愉

一、"纸"趣

- 包东西
- 纸船承重
- 纸张叠高

纸，轻飘飘的，好多东西都能击破它，但是这脆弱的纸却又有很大的力量，你相信吗？

给你一张纸，你会用来做什么？折纸飞机还是纸船？挑战一下，创造出更多有意思的纸类玩具吧！

让我们一起来感受玩纸的乐趣吧！

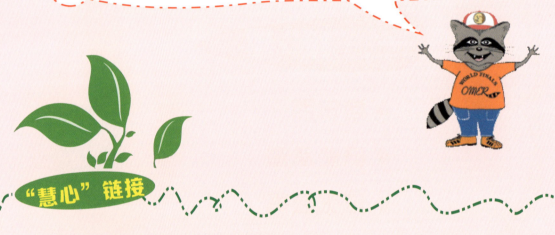

"慧心"链接

人们常常诧异：牛皮纸与普通纸的制造方法并没有多大不同，为什么牛皮纸比普通纸牢固呢？

很早以前，牛皮纸是用小牛的皮制作出来的，现在这种牛皮纸只有在制作鼓皮的时候才会用到。而包书用的牛皮纸是人们在学会了造纸术以后，用针叶树的木材纤维，经过化学方法制浆、打浆，再加入胶料、染料等添加剂，最后在造纸机中制成的。由于这种纸的颜色为黄褐色，纸质坚韧，很像牛皮，所以人们把它称为牛皮纸。

吉米·汤扎克则让纸的功用和创意得到延伸。吉米·汤扎克的主要产品是再生纸鞋，灵感来自早期的信封纸鞋。

吉米·汤扎克不喜欢穿着笨重的球鞋去湖边散步，他喜欢赤足散步的感觉，但是路上的砂砾不适合光着脚；他对超轻的跑鞋特别感兴趣，但几百美元一双的价格对他这个普通大学生来说太昂贵，于是吉米·汤扎克开始寻找家里的东西来自己设计鞋子。他把用高密度聚乙烯合成纸制成的联邦快递信封鞋穿在脚上，总有人问他，你脚上套着纸皮干吗？

自第一双快递信封鞋制成以来，他花了很多时间，最后才找到这个创意——再生纸鞋。

1. 包东西

芝麻开门

身边常见的包物品的材料是什么呢？为什么人们会选择它包物品呢？聪明的你，不妨探究一下其中的缘由吧！

材料包

7张A4纸、4根一次性筷子、2张15平方厘米的卡纸、1张光盘、2个高尔夫球、2个网球、2个塑料杯、1个塑料大碗、2只鞋、1口小平底煎锅、1个汤勺。

初露锋芒

任务： 用7张A4纸把尽可能多的物品包起来（包起来是指看不到物品的任何部分）。

解题限制：

◆ **允许破坏的物品：** 4根一次性筷子（每根1分）、2张15平方厘米的卡纸（每张4分）。

◆ **不允许破坏的物品：** 1张光盘（3分）、2个高尔夫球（每个2分）、2个网球（每个4分）、2个塑料杯（每个6分）、1个塑料大碗（4分）、2只鞋（每只8分）、1口小平底煎锅（10分）、1个汤勺（7分）。

时间限制： 7分钟。

计 分： 根据包住物品的分值算分。每少用1张纸奖励3分。

创意记录区（请把尽可能多的包装方法写在下面）

Tip

○ 剩几张纸、包什么东西，这里涉及策略，需要反复实践。

○ 少用1张纸就可以得3分，这可以成为创意解题的突破口。

试试如何制作能遮住许多物品的纸帐篷。

▶ 将A4纸左右对折。

▶ 剪出一个尽量大的圆形或椭圆形。

▶ 沿任意一条半径剪开。

▶ 将纸张重叠固定在一起，这样小帐篷就制作好了！

想想还有哪些包物品的方法？

2. 纸船承重

芝麻开门

生活中，你经常会看到水面上漂浮着各种物品：花瓣、回形针、钥匙，甚至石头。为什么一些容易沉下去的物品会不可思议地漂浮或悬浮在水中呢？你能试试让更多的物品漂浮在水中吗？

材料包

1张A4纸、若干个1元硬币或垫圈、1个大于20厘米深的盛水容器。

初露锋芒

任务：将1张A4纸进行折叠，并制作成一只纸船。完成后，纸船必须放入水中（水深大于20厘米），在纸船上尽量多放硬币（1元硬币）或垫圈。

时间限制： 15分钟。

计分： 放在纸船上的硬币，每个得1分。

创意记录区（请把尽可能多的承重方法写在下面）

Tip

○ 底面积大的纸船也许能放更多的硬币。

○ 纸船的形状可以根据需要而变换。

○ 纸船底面凸起一些，可使底面与水之间有一定的空气，这样纸船不容易沉哦！

○ 均匀放置硬币，可以保持纸船在水中的平衡性。

○ 可以在船中试探性地先放入一个稍重点的物体，之后再逐个放入硬币。

我们来试一试各种形状的纸船吧!

▶ 用A4纸折叠一只很窄的小船试一试。

（均匀放置垫圈）

（这只小船可以放55个垫圈）

▶ 折一只底面积大一些的纸船，看看是不是可以放置更多的垫圈。

（这只纸船可以放120个垫圈）

▶ 这只纸船的船底中间向上凸起，会不会增加纸船的承重量呢？

（因为纸船中间凸起，放入的垫圈都集中在了外侧，导致纸船容易侧翻，所以只放了102个垫圈）

想想还有哪些方法呢？

3. 纸张叠高

芝麻开门

亲爱的同学们，你是否留意过身边的气象塔、瞭望塔、通信塔呢？这些塔有什么共同之处？聪明的你看看下面的图片，尝试说说塔形建筑的特点吧！

埃菲尔铁塔

避雷塔

材料包

1张A4纸、1把剪刀。

初露锋芒

任务： 用纸张叠高比赛。先任意裁剪1张A4纸，再将制作好的结构独立站立30秒以上，计算垂直高度，越高越好。

解题限制： 除1张A4纸外，不能使用任何黏合物和支撑物。

时间限制： 30分钟。

计分：

（1）测量结构垂直高度，每1厘米得1分。

（2）根据解题的创造性在1~15分内计分。

（3）根据团队的合作程度在1~10分内计分。

创意记录区（请把尽可能高的结构制作方法写在下面）

Tip

○ 可以思考一下什么形状的结构最稳定。

○ 要想结构又高又稳，那么上下部分就要有大小、轻重之分。

我们来看看简易结构的制作方法吧！

▶ 将1张A4纸对折3次后，平均分成8份。

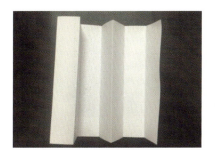 

▶ 将其中1张纸条再撕出一细条，对折后变硬留用。

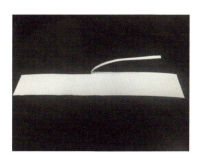 

▶ 将纸条卷成纸杆，当1张纸条卷完后插接第2张，依此类推，共卷7张。

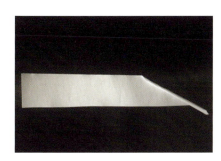 

▶ 将剩余的1张纸条等分成3份,将每张纸条对折再对折后变硬留用。

▶ 将变硬的3张纸条的开口端交叉放在一起,然后剪开一个洞,将纸杆插入洞中,支架就完成了。在即将完成的作品上插上留用的细条,作品是不是又高了许多?

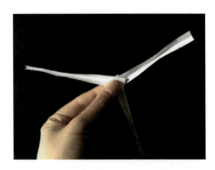

二、"球"乐

- 巧运乒乓球
- 小球的高度
- 粘球

足球、篮球、乒乓球、羽毛球……我相信很多小朋友都很喜欢这些球类运动吧！如果让你换一种玩法，也许可以创造出更有意思的球类运动。

让我们一起来感受"玩"球的乐趣吧！

"慧心"链接

　　球，几乎是每个男孩子的必备玩具，球类运动也深受男孩子的喜爱。

　　比如足球，最早起源于战国，兴于唐宋，原叫蹴鞠，由藤草编制而成。现在的足球大多由纯皮革材料制成，一般由12块黑色正五边形面料与20块正六边形面料拼合而成。这样的缝合使得足球有足够的抗击能力。足球的周长一般为69厘米，足球的重量一般为430克，使用脚踢球，大小合适，重量适中。

　　篮球，大多由8块皮革粘贴在布满缠丝的球胆上制作而成。根据皮革的不同，不同的篮球适合于不同的场地。篮球的皮革是粘贴而非缝合，可确保其弹性符合要求。标准男子比赛用球：重量为600~650克，周长为75~76厘米，这样的重量与周长适合于人们的手上运动。

　　男女老少皆喜欢的乒乓球可以算是一项年轻的体育运动，它只有100多年的历史。乒乓球的产生，纯属偶然。19世纪末，伦敦两位年轻人到一家饭馆去吃饭，在等待侍者送饭时，他们感到无聊，便信手将装雪茄的盒盖拿在手中玩，同时又将酒瓶上的软木塞也拔了下来，两人将软木塞在餐桌上打过来打过去，结果他俩竟玩得入了迷，连吃饭都顾不上了。由此，这项餐桌上的游戏很快就演变成乒乓球赛，并席卷伦敦，一时形成了一股乒乓球热。为了纪念发明国，1926年，第一届世界乒乓球锦标赛在伦敦举行。

1. 巧运乒乓球

芝麻开门

生活中你会想到用什么方法来运送物品呢？是用手搬？是用包提？还是用车、船、飞机运送？除了这些，还有特殊的运送方法吗？

材料包

1个信封、1支铅笔、1把刷子、1把钳子、1块接线板、1根30厘米长的带子、1张A4纸、1支生日蜡烛、1支圆珠笔、1根吸管、1个塑料杯、1根冰棒棍、1个塑料袋、1个瓶子、1个金属夹子、1张标签纸、1个铁钉、1枚回形针、1个小纸盒、1个磁带盒、1张报纸。

初露锋芒

任务： 把盘子里的20个乒乓球（12个白色、5个黄色、3个蓝色）用材料包中的材料取出来，然后放到对面相应颜色的盒子里。

解题限制：

◆只能利用材料包里的材料来运送，用过的材料必须放入废物箱，不能再用。如果几种材料拼在一起使用，只要其中一种材料接触过球，则其他材料都不能再用。

✦如果手接触了乒乓球，则这个球不能计分。

✦如果乒乓球掉到地上，则这个球不能计分。

✦如果手接触了放乒乓球的盘子，每接触一次就有一个乒乓球不能计分（从已放入有颜色的盒子内的乒乓球中取出一个）。

时间限制： 10分钟。

计分：

（1）蓝色乒乓球放对位置，每个球得8分；黄色乒乓球放对位置，每个球得6分；白色乒乓球放对位置，每个球得2分。

（2）放错位置的球，每个球得1分。

（3）白色乒乓球全部放入白盒奖励20分；所有的球都放对位置，奖励30分。

场地布置图如下。

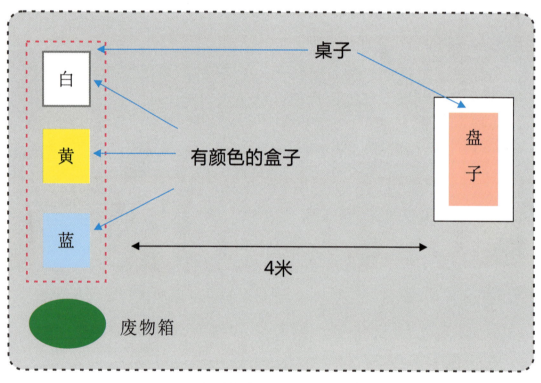

场地布置图

创意记录区（请把尽可能多的运送方法写在下面）

下面看看可以用哪些不同材料运送乒乓球。

▶ 将标签纸贴在手指上。

▶ 用信封舀起乒乓球。

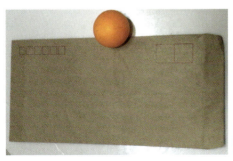 

▶ 用吸管、圆珠笔组合运球。

▶ 改变吸管或回形针的形状运球。

想想还有哪些方法呢?

2. 小球的高度

芝麻开门

看，这些都是我们熟知的高层建筑，细心的你应该发现它们用到了很多特殊的结构。对，三角形结构具有稳定性；圆柱的上下面都是平面，侧面是曲面，这样的结构既美观又有一定的稳定性。除了这些，你还知道哪些熟悉的或"奇怪"的建筑物结构？

材料包

2张A4纸、4枚回形针、1根30厘米长的线、10根吸管、6张黏性标签、1个纸盒子、3根刺毛条、10根牙签、3个300毫升的杯子。

初露锋芒

任务： 用所提供的材料将小球（乒乓球、网球、桌球）支撑起来，离地面越高越好。

时间限制： 10分钟。

计分： 根据作品支撑起来的小球顶部到地面的距离计算分数。

（1）支撑起了乒乓球，每3厘米得1分。

（2）支撑起了网球，每3厘米得2分。

（3）支撑起了桌球，每3厘米得3分。

创意记录区（请把尽可能多的支撑方法写在下面）

Tip

○ 小球很容易滚动，可以利用圆柱体上下面是平面的特征固定小球。

○ 可以利用材料包里的材料制成三角形的结构，以增加结构的稳定性。

○ 三种小球的自身重量和相应的得分都不一样。要综合考虑再做决定。

下面看看可以制作些什么样的结构。

▶ 将杯子相互连接起来，较重的桌球或网球可以直接顶在上面。还可以与材料包里的盒子结合起来使用。

▶ 将A4纸卷成纸筒，可以顶起轻一些的网球和乒乓球。

▶ 用吸管制作一个三角形结构，牙签起固定作用。为了很好地顶住小球，也可以用牙签制作一个三角形的底座来固定小球。

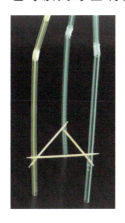  

想想还有哪些方法？

3. 粘球

芝麻开门

同学们知道苍耳这种植物吗？它可是自然界的黏性冠军哦！遇到它的种子成熟的季节，只要从它身边经过，无论是动物还是人，种子都会毫不留情地粘到身上。为什么苍耳的种子如此容易粘到衣服或者毛发上面呢？瑞士一位发明家利用它的原理还发明了尼龙搭扣呢！

材料包

抛球材料：1副儿童木头球拍、1块砖、1个大号衣架、2把尺子、1根扫把柄、1张黏性标签、1根长76厘米的线、1张A4纸、1根吸管、1支铅笔。

制作尼龙搭扣粘乒乓球材料：1根1米长的尼龙搭扣、1把剪刀、1支热熔胶、1把胶枪。

初露锋芒

任务：如右图所示，把尼龙搭扣贴在乒乓球的6个部位，然后在不用手的前提下利用所给材料将其扔到得分板上（每个尼龙搭扣的尺寸约为2厘米长、0.5厘米宽）。

解题限制：

◆ 双脚必须站在起始线位置，让球向目标移动，不可以用手直接抛球。

◆ 只能使用所给材料来抛球，不得使用其他材料或者身上的物品。

◆ 抛球过程中，如果球掉落在所给材料上，则计算一次抛球。

◆ 抛出的球必须在所得分区域内坚持5秒以上，如果在5秒内掉落，则不计分；如果在5秒以上掉落，则按本次球起初落在的得分区域计分。

时间限制： 8分钟。

计分：

（1）如场地布置图所示，队员均站在起始线位置。如果有5个队员，2个队员站在1.5米起始线位置抛球，3个队员站在2.1米起始线位置抛球。

（2）板子上对应着不同的分数，利用所给材料抛球，抛到所在区域将获得所在区域的分数。

（3）如果抛出分数板以外，或落下后未落到板子上，则不计分。

场地布置图如下。

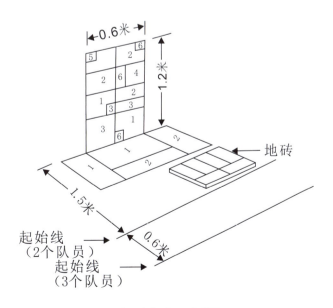

场地布置图

创意抛球记录区

Tip

○ 尼龙搭扣的一边是线圈，一边是很多的小钩，为了更好地粘上，需要采用什么方法？

○ 由于高分区域比较少，怎样才能稳定得分呢？

如下图所示，这是尼龙搭扣在显微镜下的样子，其中很多的线圈是交叉排列的，半开口的小钩子是有序排列的。

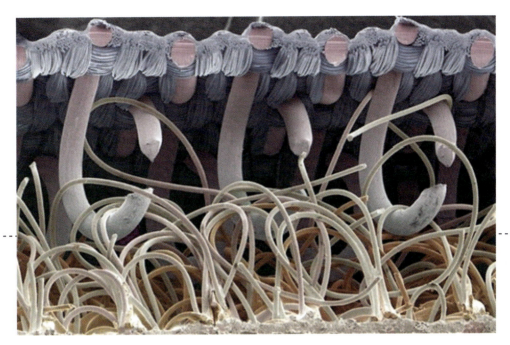

如果要使乒乓球上的尼龙塔扣尽可能地挂在上面，则要使用下列哪种方法呢？

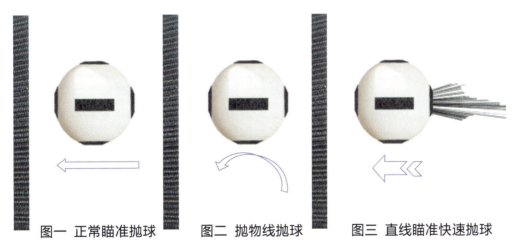

图一　正常瞄准抛球　　　图二　抛物线抛球　　　图三　直线瞄准快速抛球

图一和图二比较容易粘到板子上，但是图三"直线瞄准快速抛球"会给乒乓球一个反作用力，使得粘在上面的球反弹回来。另外，场地图下面的板子为1~2分区域，且很多落下的球会落在这些区域，所以抛球时要尽量不落下，否则将得低分。你发现了吗？

想想还有哪些方法？

三、"管"悦

- 摩天大楼
- 架桥滚球
- 紧急救援

如果乌鸦能找到一根吸管，就不需要费力地捡石子塞进瓶中，就能轻松地喝到瓶子里的水了。

日常生活中，吸管随处可见，人们可用它喝水、喝果汁、喝豆浆等，还可用它制作吸管花、编笔筒、编花篮。其实，吸管还有许多令人意想不到的新玩法。好奇的你，赶紧试试吧！

"慧心"链接

吸管发明于1888年，因为当时美国人喜欢喝冰凉的淡香酒，为了避免口中的热气降低酒的冰冻劲，所以人们尝试用天然麦秆来吸饮，但是麦秆易折断，并且带有麦秆的怪味。烟卷制造商马文·史东（Marvin Stone）从烟卷中获得灵感，制造了一根纸吸管，受到欢迎。塑料发明后，因为塑料的柔韧性、美观性都胜过纸吸管，所以纸吸管便被五颜六色的塑料吸管取代。

吸管的原理是什么？其实很简单，当我们从吸管中吸走部分空气时，吸管内的压强就会变小，大气压强就会迫使管内的液体上升。如果吸管周围密闭得太紧，没有气压差，那么无论怎么使劲吸也吸不上来。

除了吸管，还有各种奇怪的管，如人体内的血管、食道管，工程中的交通管道、排水管道，乐器中的长笛、单簧管，等等。你们知道毛细血管有多细吗？它们遍布于人体各处，在动脉、静脉之间连接形成网状，毛细血管的直径平均为6~9微米。在美国新泽西州的大西洋城会议大厅（Atlantic City Convention Center）里，收藏有世界上最大的管风琴，这也是世界上最大的纯人工制造的乐器。该乐器建于1930年，共用了33112支用于发音的风管，有19个音色区、7排键盘，并专门安装了一台365马力（1马力=735.5瓦）的鼓风机来帮助演奏。夜深人静的时候，方圆几十里都可以清晰地听到其演奏声。

1. 摩天大楼

芝麻开门

看到造型各异的摩天大楼，你是否好奇建筑师是如何设计出如此稳固又别致的结构的。

家里随处可见的各种物品放置架是不是有点像摩天大楼的结构呢？这样的结构，不仅要稳固不倒，还要有一定的承重力。你能设计一个新型的承重架吗？

材料包

50根牙签（竹质、直径2毫米）、4根塑料吸管（直径5毫米、长20厘米）、1块橡皮泥、1把剪刀、1个塑料容器、若干枚1元硬币。

初露锋芒

任务： 使用所给材料制作一个承重结构，要求该结构高至少10厘米，并能支撑1个能装多枚1元硬币的塑料容器。

解题限制：

◆ 只能利用牙签、塑料吸管和橡皮泥来制作结构，剪刀不可作为结构的组成部分。

◆ 将按结构的高度和能支撑的硬币数量计分。

◆ 结构的高度每增加10厘米，得分将提高。在放上容器之前，先测出结构的高度。

◆塑料容器放在结构的顶端，每次只能在塑料容器里放1枚1元硬币，放入后不能拿走。必须支撑硬币3秒或以上才能计分。

◆当结构损坏或时间到时，比赛即告结束。

时间限制： 10分钟。

计分：

（1）如果结构竖立的高度达10厘米，并成功支撑了容器，计10分。

（2）将所放入的硬币总数乘以10厘米的倍数。例如，如果结构的高为10厘米，且能托住12枚硬币，那么高度等于10厘米的1倍，将12乘以1等于12分。又如，结构的高为20厘米，且能托住12枚硬币，那么高度等于10厘米的2倍，将12乘以2等于24分。

创意记录区（请把尽可能多的方法写在下面）

Tip

○ 为了增强稳固性，可否考虑三角形的结构？

○ 要让结构增高，用长的吸管来搭建支架比较合适。

○ 吸管里塞入牙签，可以使吸管更结实。

下面来看看可以做出哪些结构。

▶ 仿造"小蛮腰"造型，利用吸管和牙签制成立柱。

▶ 利用三角形原理制成支撑架组合。

想想还有哪些方法？

2. 架桥滚球

 芝麻开门

你是否经常听到长辈说:"你走过的路还没我走过的桥多呢!"也许此时你可以反问一句:"那你知道有多少种桥呢?"

桥是人们生活智慧的结晶,桥也是人们路途中不可或缺的风景。桥梁主要包含桥跨、桥台、桥墩、支座和附属构造物。下面你也来过一把桥梁设计师的瘾吧!

材料包

20根吸管(直径为5毫米、长为20厘米)、30根牙签(竹质、直径为2毫米)、1小块橡皮泥、1段胶带纸、1把剪刀。

任务: 利用所给材料在两张凳子之间搭一座桥,并且使乒乓球从一端滚到另一端。

解题限制:

◆ 只能利用材料包里的材料来制作,剪刀不可作为结构的组成部分。

◆ 将按架设的桥的长度与球滚过的距离计分。

◆ 一共有三次滚球的机会,每次滚球的距离都要计分。

◆ 当结构损坏或时间到时,比赛即告结束。

时间限制： 10分钟。

计 分：

（1）按桥的长度计分，1厘米等于1分。

（2）按滚球距离计分，即滚球次数×每次滚的长度。每1厘米为1分，三次成绩相加。

（3）总分=桥的长度+三次滚球距离。例如，桥的长度为80厘米，第一次滚球70厘米，第二次滚球60厘米，第三次滚球10厘米，总得分为80+1×70+2×60+3×10=300分。场地布置图如下。

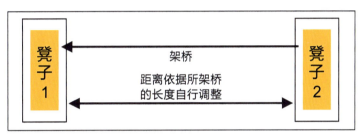

场地布置图

创意记录区（请把尽可能多的方法写在下面）

Tip

○ 想想各种材料的用途，如吸管可以用来做什么？比如桥身、桥墩……那么牙签、橡皮泥呢？

○ 为了确保球能滚过桥，最好设计一个高些的桥墩，以保证桥的两头有一定的落差。

下面我们来看看如何做。

> 利用吸管和牙签制成立柱，作为一边的桥墩。牙签还可以用来固定。

> 用吸管拼接起来连成桥身，连接处用牙签穿插固定，桥的另一端用橡皮泥固定。

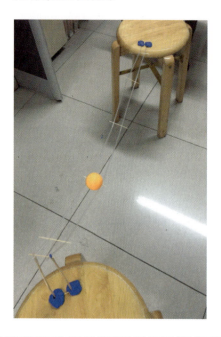

试试还有其他方法吗？

3. 紧急救援

芝麻开门

大多数时候，地震是因为地壳变动而引起的。地震的级别不同，造成的危害也不同。地震级别高时，会造成地面裂缝、墙倒屋塌，给人们带来极大的伤害。同学们一定在电视上看到过，当解救地震中的灾民的时候，都是小心翼翼的，不敢轻易搬动压在灾民身上的石板，这是为什么呢？

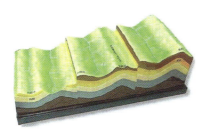  

材料包

玩家材料：1支中性笔、1双筷子、2根牙签、1卷透明胶、1把剪刀、1个信封、1根大头针、1根细绳、1根弯曲的铁丝、2根橡皮筋。

紧急救援制作材料：30根吸管、1张A4纸、1个纸杯。

任务： 人类经常会遭受自然灾害，例如地震、海啸。当地震发生的时候，会造成地面上的很多建筑物倒塌，直接危及人们的生命安全。因此，及时、快捷、科学的救援方式常会将损失降到最小。我们将在这里进行一次小小的拯救行动，问题如下：1名队员将提供的吸管放置在倒扣的只露出半截杯子的上面，再把半截杯子抽出来，使吸管散落在区域以内。5名队员必须按照确定的顺序依次用材料包里的材料将压在人体（半截杯子）身上的建筑物（吸管）移到A4纸的圈外，不得牵动其他吸管。

解题限制：

◆玩这个游戏的时候一定要注意，每名队员只能选择材料包中的一种材料来做游戏，如1双筷子，你只能选择1根筷子作为你的工具。

◆5名队员必须按照顺序来玩游戏，否则不计分。

◆移动某根吸管的过程中，桌上的其他吸管不能移动，否则任务失败。

◆只能使用所提供的材料来移动吸管，不能使用其他工具移动，且每次只能移动1根吸管。

时间限制：

练习阶段：3分钟

解题阶段：5分钟

计分：

（1）利用所提供的材料，每移除1根吸管，即获得2分。

（2）移动过程中，每移动1根吸管而引起另一根吸管移动的，扣10分，每位同学有且只有一次机会。如果第二次引起其他吸管移动，则本轮游戏宣告结束。

（3）每成功移动一轮，再次成功移动第二轮，则将获得前一轮单次移动吸管一倍的分数，但如果出现失误，将变回2分1根。

场地布置图如下。

场地布置图

如场地布置图所示，将吸管套在半个杯子中快速抽出，吸管顺势落在杯底，然后用所需材料移动、夹取吸管。

创意记录区

Tip

○ 得分的关键是尽量缩小失误率,你发现了吗?

○ 哪些吸管在最边缘或者最好移动。

 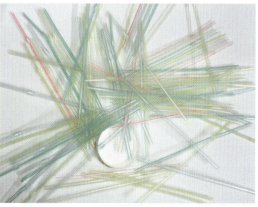

吸管散落演示

四、"瓶"愉

- 瓶子装物
- 投"球"入瓶
- 放物入瓶

妈妈总是抱怨你的房间太乱，东西到处都是。动动脑和手，想办法利用你房间的所有空间，将每个瓶子、每个箱子的作用发挥到最大吧！

"慧心"链接

2015年，可口可乐公司发起一系列出版物、电视广告、巡回艺术展的全球性活动来庆祝玻璃瓶的100岁生日。可口可乐的玻璃瓶于1915年由Earl R. Dean设计，1923年经过一次改进后再无变动。这个弧形玻璃瓶在世界各地都有广泛的识别度，瓶身也成为可口可乐品牌文化的典型代表之一，让人不得不佩服这只瓶子的独特魅力。

说起瓶子，不得不提到中国古代的各色陶瓷瓶，一般用来盛酒或供陈设，其工艺精细、釉色纯正。唐代有越窑青釉瓶、邢窑白釉瓶等，宋代有玉壶春瓶、梅瓶等，元代有八方瓶、四系扁瓶等，明代有天球瓶、宝月瓶等，清代有棒槌瓶、柳叶瓶等，这些都是收藏家们的大爱之作。

再看看如今超市里的饮料瓶，造型、材质各不相同，瓶身、瓶盖也很有设计感。据说，理想的瓶子应该具备三个基本条件：握住瓶颈时，不会有滑落的感觉；瓶里所装的液体看起来比实际分量多；外观别致。

1. 瓶子装物

芝麻开门

你会利用空间收纳和整理物品吗？家里的抽屉、衣柜，出门旅行时的行李箱，你会怎样利用它们的有限空间呢？

材料包

1分物品：10枚硬币、1根1米长的细绳。
2分物品：5把塑料调羹*、5根塑料吸管、2个普通纸杯、3张餐巾纸。
3分物品：6个中号凤尾夹*、10根筷子、6块儿童积木。

任务： 准备两个广口瓶，一个装约500毫升水，另一个装约200毫升水，然后往瓶里放尽可能多的东西。

解题限制：

◆ 同类物品必须放进同一个瓶里，然后盖紧盖子，看谁放入的多。

◆ 标*的物品不能损坏。

时间限制： 7分钟。

计分： 放入大瓶内的物品按原值计分，放入小瓶内的物品按双倍值计分。

创意记录区（请把你放物品的策略写在下面）

Tip

○ 怎样可以更有效地利用空间？
○ 怎样获得更高的分值？

下面来看看有哪些节约空间的办法。

（题目没有规定筷子不可以损坏，可以把筷子折断哟）

（把凤尾夹手柄翻过来或互相夹起来可以缩小体积）

还有什么方法可以得到更高的分值?

（尽量把分值高的物品装进小瓶内）

（把小东西放进大东西里，可以把一次性纸杯压扁放进瓶子里）

2. 投"球"入瓶

 芝麻开门

你一定熟悉投篮游戏吧？请动动脑筋设计一些"投篮"游戏新玩法，看看你能设计出多少？赶紧行动起来吧！

材料包

2张报纸、1把剪刀、1个口径11厘米的瓶子、1个口径7厘米的瓶子、1个口径5厘米的瓶子。

任务： 利用2张报纸制作若干投掷物，然后投掷到瓶内。

解题限制：

◆ 只能使用2张报纸来制作（大小如《楚天都市报》，不能使用铜版纸）。

◆ 不得使用任何有黏性的材料（如胶水、粘胶带等）。

时间限制：

◆ 自己动手制作投掷物，制作时间不得超过30分钟。

◆ 投掷时间为3分钟。

计分：

（1）每次投掷只能投1球,即一次1球计分。

（2）投进口径11厘米的瓶子得1分，投进口径7厘米的瓶子得3分，投进口径5厘米的瓶子得5分。

场地布置图如下。

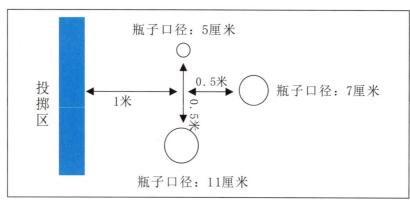

场地布置图

创意记录区（请将解题策略写在下面）

Tip

○ 在制作时间里，除了准备投掷物，还可以练习投掷，确定解题策略。

○ 可先将报纸裁成小纸条，再将纸条做成多个小球。

○ 试验一下，瓶子口径大小、距离的远近与投掷命中率之间的关系。

可以在家里寻找像如下这样的瓶子进行投"球"入瓶游戏。

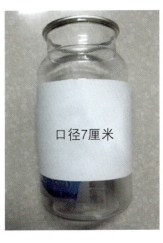

3. 放物入瓶

芝麻开门

乌鸦喝水的故事你一定听过吧！往装水的瓶子里放入物品，水位会升高。你有什么办法往瓶子里放入更多的物品而使水不溢出来吗？

材料包

1分物品：2张箔纸、2个小号空矿泉水瓶、1根30厘米长的细绳、5根筷子。
3分物品：5枚硬币、5个乒乓球、5个中号凤尾夹。
5分物品：3个垫圈、1把金属调羹、1个金属文件夹、3个螺丝钉、1块木板。
10分物品：1个马克杯、2个苹果、1块积木。

初露锋芒

任务： 准备一个口径为20厘米的广口玻璃瓶（可用小号脸盆代替），把水灌到离瓶口1厘米的地方，然后把尽可能多的物品放进瓶内。

解题限制：
◆ 水不能溢出。一旦水溢出，解题就停止。

时间限制： 7分钟。

计分： 根据放入瓶内的物品分值计分，如果把所有物品放入瓶内，则另加10分。

创意记录区（请把放入更多物品的方法写在下面）

Tip

- 可以把小的东西放入大的东西里面。
- 矿泉水瓶有妙用。
- 利用浮力可以承载更多的东西。

下面看看有哪些方法可以放入更多的物品。

- 可以把比较重的、小的物品放入马克杯内增加浮力。

- 可以把瓶里的水灌入空矿泉水瓶内，减少瓶子里的水量，放入更多分值高的物品。

- 可以让木块浮在水面上，或用箔纸做一个结构，上面放其他小物品。

- 利用浮力可以把更多的物品放进瓶子里。

想想还有哪些方法？

第三章

家庭秀场

- 服装秀
- 家庭图腾柱
- 纸绳拖重
- 口述折纸
- 家庭乐队
- 自制CD

亲爱的同学们，前面的活动你都尝试了吧！相信你感受到了自己的创新能力在不知不觉间得到了提升，那么接下来是邀请爸爸妈妈一起"玩"的时候啦！心动不如行动，让一点点废旧物品在手中变得鲜活、一张张报纸变得力大无穷、一个个锅碗瓢盆变成奇妙的乐器。来吧，和爸爸妈妈一起"嗨"起来！

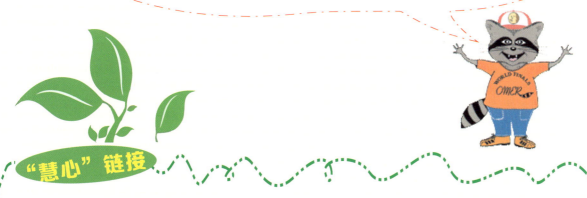

"慧心"链接

想象力远胜过知识。知识，局限于我们所知所思的学识，而想象力拥有一整个世界，以及那些无人知晓的秘密。

——爱因斯坦

创意生活的关键便是想象力。培养孩子的创意首先要从家庭开始。不需要向孩子传授想象力，这些是他们与生俱来的。家庭生活中，通过美妙的创意，可以从游戏、手工制作、户外活动及家庭庆祝等活动中成功地发挥全家人的创造力，特别是孩子的创造力，从而让孩子对未知世界、自然环境乃至日常生活都充满想象力，对学习充满热情。因此，孩子会更加认真地对待自己的小创意，从而不断地积累知识和经验。如此会营造出全新的家庭氛围，孩子会同家人一起放松、玩耍和成长。这些创意只需要一些基本工具、家居用品和天然材料，创意"舞台"可以是各种地方，如地毯、书桌、茶几等。

有了这些创意，家庭生活会变得乐趣无穷，孩子也会更加健康、快乐地成长！与孩子共同融入角色后，你就会发现所有的忧虑都抛到了九霄云外，有的只是身心充盈的乐趣。

1. 服装秀

灵光一闪

如下面的图所示，设计师利用几根线条就可以制成独特的领结，戴上头套就变成一只可爱的螳螂，奇特的六边形是纸牌还是衣服呢？遥望远处的小姑娘是不是有点像远古时期的部落公主？

聪明的你能看懂图中的创意服装是用什么材料制作的吗？观察并记录下来吧！

想一想：如果由你来当一次设计师，你会怎样用材料进行创意设计？你会设计什么独特的服装？用你的巧手画一画吧！

材料包

剪刀、裁纸刀、针线、画笔、调色板、彩笔、丙烯颜料、胶带、泡沫胶、碎布条、卡纸、鞋盒等。

大显身手

任务： 使用生活中的废旧材料制作几套创意服装，并表演一个小品。

解题限制：

◆ 废旧材料可以是任何的安全性材料，创意过程可以发挥无限想象。

◆ 学生和家长可以事先在家中设计、制作两套独特的服装，并拟定一个表演主题。

要求：

（1）制作包括帽子、上装、裤子、裙子等一切体现人物外貌的东西，服装应包括上装和下装，鼓励是成套的（从头到脚都有，至少两套）。

（2）必须用废旧材料制作，不得使用棉或化纤等纺织品，但小件的饰品和缝纫线可用纺织品。

（3）表演中可以有背景板和音响装置，以增强演出效果。

（4）比赛时先把所有道具搬到准备区，并做好准备。当裁判说"开始"时才可以把所有道具从准备区搬到表演区，并开始表演。

家长和孩子共同协作完成以下任务：

（1）收集家里的废旧物品，发挥想象，每一件废旧物品都可以创造出无限可能。

（2）与爸爸妈妈共同思考，寻找一个表演主题，并就表演主题查阅资料，思考一个具有创意的小剧本。

（3）与爸爸妈妈一起裁剪、缝合制作一些好玩的服装，在工具使用上注意安全。

（4）与父母共同完成后期音乐、背景的制作与处理。

如果以上要求都达到，恭喜你们可以表演了，我想这一定是一场视觉盛宴。

Tip

○ 安全第一，当使用各种工具时，要掌握方法！

○ 制作过程中可能会制造各种垃圾，可以在制作的地方铺一张大的油纸，在制作完成时方便清洁。

○ 希望表演场地有进场和出场，建议家里的客厅或室外。

初级挑战

评价标准	完成剧本	制作两套服装	有表演	有背景
完成情况（用"√"表示）				

终极挑战

评价标准	制作两套服装以上	材料多样，有创意	表演生动，音乐优美	背景绚丽多彩
完成情况（用"√"表示）				

豁然开朗

看下面的服装，纸杯、报纸、塑料袋都派上用场了，是不是很有趣？只要多观察、多思考，你一定会发现更多有趣的DIY服装设计！

2. 家庭图腾柱

灵光一闪

如果一种动物、植物或自然物体，在某一部落或传统民族中作为一个氏族或家庭的象征，则称之为图腾（totem）。那你知道以下图片中的图腾柱上雕刻的或绘的是什么吗？快来瞧瞧吧！

聪明的你发现这些图腾柱的特点了吗？观察并记录下来吧！

大显身手

任务： 制作一个家庭图腾柱并讲述一个与之相关的家庭故事。

解题限制：

✦除材料包中列举的材料，还可以使用其他安全材料。

✦每个图腾柱上至少要有3位家庭成员，且代表孩子的图腾一定要出现在图腾柱上。

- 每个人不能做代表自己的图腾，必须选择1位家庭成员为其制作图腾，图腾的图案要能代表此成员的特征。
- 所制作的图腾不要求同一类别，但必须能清晰表述出来。
- 图腾柱要与创编的家庭故事紧密相连。

1张大白纸、胶水、剪刀、带子、彩笔、纸筒（如手指筒、纸巾筒或包装袋筒）、毛毡、玩具眼睛、布。

家长和孩子共同协作完成以下任务：

（1）互相了解与确认家庭成员的任务，以免出现重复与遗漏。

（2）家庭成员互相对设计图进行点评，并提供建议。

（3）根据要制作的图腾样式共同搜集可用于制作的废旧物品。

（4）家庭成员共同讨论，确定故事主题及剧情。

Tip

○ 这是一项需要家人一起完成的任务，快叫上他们吧！

○ 为家人选择的图腾图案要有特点哦！不妨与家人的外形、性格、特长等结合起来。

初级挑战

评价标准	设计图初稿	3个图腾	图腾柱	故事
完成情况 （用"√"表示）				

终级挑战

评价标准	设计图定稿	符合家人特征的3个图腾	有特色的图腾柱	与图腾柱有关联的故事
完成情况 （用"√"表示）				

请看下面的图腾，超轻黏土、毛线、吸管都派上了用场，多么有趣啊！只要多观察、多思考，你们的家庭图腾柱一定会与众不同！

3. 纸绳拖重

灵光一闪

提、拉、推、拖，这些都是我们生活中移动物体的常见方式。随着物体重量的不同，我们也会选择不同的移动方式。那你有没有想过，用一张报纸可以拖曳多重的物体呢？

材料包

重物有2.5千克、5千克物品各一件，10千克、15千克、20千克的物品各若干件。

建议准备2.5千克、5千克、10千克的大米。

大显身手

任务： 用1张报纸制作1根纸绳，拖动尽量重的物体。

解题限制：

◆ 纸绳只能使用1张报纸（大小如《长江日报》或《光明日报》）来制作。纸绳的长度至少为1.5米。

◆ 不得使用任何有黏性的材料（如胶水、粘胶带等）和其他任何东西来加固纸绳。

◆ 学生和家长共同按规定制作好纸绳。

家长和孩子共同协作完成以下任务：

（1）把纸绳连接到想要拖曳的物品上，拉直后，另一端放到起始线外。

（2）一人站在起始线外用双手拿着纸绳的一端（双手不能超过起始线），然后用纸绳拉动拖板。在拖拉过程中，拉拖板者手中的纸绳始终要保持1.5米长（即双手握绳处与拖板的距离）。

（3）每拉动拖板25厘米，压着加重线就必须增加拖曳物品，所加的物品重量不限。

（4）纸绳断裂或拖板已被拉过起始线，任务结束。

场地布置图如下所示。

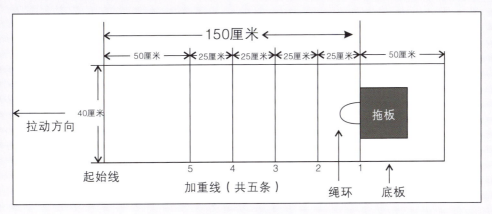

场地布置图

Tip

○ 这是一个需要爸爸一起玩的游戏。叫上你的爸爸，动起来吧！
○ 游戏时别忘了一定要保护好自己哦！还要注意保护地板哦！
○ 一根筷子易折，想折断一把筷子却不是容易的事。报纸也是这样吗？

初级挑战（固定物品的重量）

拉动距离（距起始线的距离）	150厘米	125厘米	100厘米	75厘米	50厘米	0厘米
完成任务（用"√"表示）						

终极挑战（每拉动25厘米，即拖板压着加重线就必须加重，所加物品重量不限）

拉动距离（距起始线的距离）	150厘米	125厘米	100厘米	75厘米	50厘米	0厘米
物品重量（单位：千克）						

豁然开朗

试试下边的方法，也许会让你豁然开朗。

▶ 把报纸裁成细条。

▶ 每条报纸对折再对折。

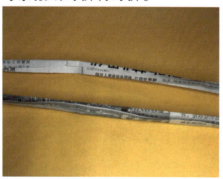

▶ 像编麻花辫一样，将三条报纸拧成一股。

▶ 将三股纸绳再编成一股更粗的纸绳。

▶ 每隔一段加入新的纸绳以延长长度。

想一想，还有其他方法吗？

4. 口述折纸

生活中，我们一边动作示范一边语言说明，很容易照着做到；如果只有语言说明而没有肢体动作示范，但要求按照听到的语言去做，那么你会有怎样的感受？

材料包

纸（可选专门的折纸用纸）、简单的折纸书。

大显身手

任务： 按照解说人的解说步骤完成折纸，并讲述或即兴表演一个与折纸图形相关的故事。

解题限制：

◆ 解说人要站在折纸人能看到的地方进行解说。
◆ 解说人解说折纸步骤时，只能口头说明，不允许肢体示范。
◆ 解说人解说时，不能告诉折纸人折的是什么，但可以做简单描述。
◆ 折纸人创编的故事要与折纸图形紧密相关。

家长和孩子共同协作完成以下任务：

（1）选出一个解说人，其他都是折纸人。

（2）解说人从折纸书上获得所需信息，向折纸人口头解说折的步骤。

（3）折纸人按照解说人的解说完成自己的折纸。

（4）折纸人完成折纸后，可以邀请其他折纸人一起确定故事主题，完成故事的讲述或表演，也可以独自一人完成。

场地布置如下图所示。

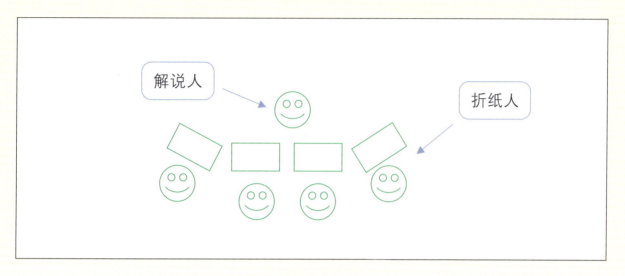

场地布置图

Tip

○ 折纸人要想办法听清楚、听明白解说人传递的解说信息。

○ 解说人要尽量清晰地传递折纸信息。

○ 创编故事时与其他折纸人一起思考会更有意思。

○ 家庭成员可以轮流担任解说人的角色，相互体验不同的角色。

初级挑战（游戏时，折纸人可以向解说人提问）

解说人：

完成任务 \ 折纸人				
完成折纸 （用"√"表示）				
完成故事展示 （用"√"表示）				

终极挑战（游戏时，折纸人不能向解说人提问）

解说人：

完成任务 \ 折纸人				
完成折纸 （用"√"表示）				
完成故事展示 （用"√"表示）				

豁然开朗

请看看以下一些折纸表演，也许可以给你的故事创编一些启发。

（美味的小草）

（会飞的蝴蝶结）

快找一本折纸书，与爸爸妈妈一起游戏吧！

第三章 家庭秀场

5. 家庭乐队

灵光一闪

拿一根小棒试着敲击家里的锅碗瓢盆、桌椅板凳等物品，是否会发出独特的声音呢？如果将它们进行排列组合，敲出来的声音会有节奏感吗？聪明的你，不妨亲自试试吧！

材料包

若干同等材质的玻璃杯、塑料瓶、清水、木筷子、铁筷子、沙子等。

大显身手

任务： 利用生活中的常见物品，创意改装使其发出声音（可以敲击或吹奏）。与爸爸妈妈一起，或者与其他家庭成员一起完成一场乐器演奏吧！

解题限制：

◆ 可以从家庭的常见物品中进行选择，但是不可以选择本身就是乐器的东西进行演奏。

◆ 所有被选物品都可以被组合，或者改造成不同的乐器，并且至少要有三种音阶，最好不要破坏它原本的使用功能。

◆ 乐器的制作种类不得少于参与乐器演奏的人数，例如，你和爸爸妈妈参与演奏，乐器的制作数量不得少于三种。

家长和孩子共同协作完成以下任务：

（1）与爸爸妈妈一起寻找可以利用的生活物品。

（2）与爸爸妈妈一起尝试创意制作，至少你要完成一样乐器，可以有爸爸妈妈的协助。

（3）根据制作的乐器，与爸爸妈妈一起谱写歌词（谱），然后进行表演，完成整个乐器表演项目。

（4）与爸爸妈妈一起选定乐器表演的主题（例如，音乐主题可以是——勤俭节约，珍惜粮食），完成舞台的简单布置。

（5）一切准备就绪后，和你的爸爸妈妈寻找一些观众进行表演吧！

场地布置图如下所示。

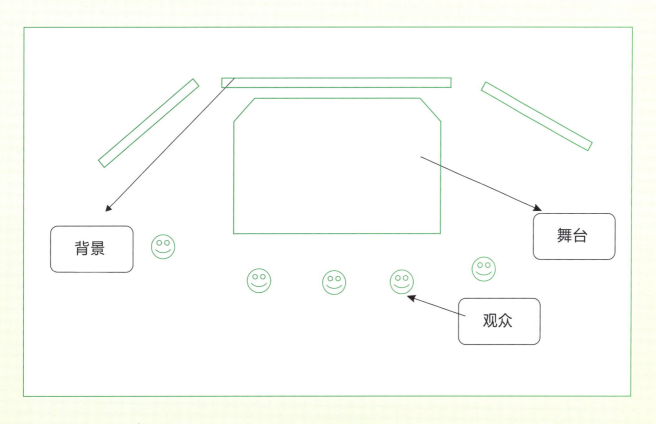

场地布置图

Tip

○ 不能只让爸爸妈妈动手，一定要与爸爸妈妈一起动手完成哦！

○ 制作过程中，会应用各种工具和资源，一定要注意安全，保护好自己！

○ 可以尽量多尝试制作几种乐器哦！

激流勇进

初级挑战

尝试用乐器进行简单的乐曲练习，如果你的每样乐器有三个以上的音阶，说明乐器过关。

终极挑战（测测你的乐器可以发出多少个音阶，是否可以演奏）

乐器演奏	第一个乐器	第二个乐器	第三个乐器	演奏小星星	更复杂歌曲
根据音阶个数打"√"					

豁然开朗

试试下面的方法吧,也许可以给你一些灵感呢!

第三章 家庭秀场

6. 自制CD

灵光一闪

我们走进音像店，往往会花很长时间把货架上所有可选的CD都看一遍，然后再决定买哪些CD。从一个人购买的CD及其平时所听的音乐类型能反映出这个人某些方面的特性。如果有兴趣的话，就亲自去做一个小调查吧！

材料包

白色的标签板或纸板（切成边长约8厘米的正方形）、彩色记号笔、蜡笔、铅笔等。

亮晶晶的小饰品、胶水、丝带或任何可以用来装饰CD封面的物品。

大显身手

任务： 利用生活中常见的材料和物品，与爸爸妈妈一起设计和制作CD的封面，并与亲朋好友一起交流分享，开一个自制CD展销会。

解题限制：

◆ 选择制作的材料可以是任何的安全性材料，创意设计和制作过程可以发挥无限想象。

◆ 自制CD的封面可以独立完成，也可以与爸爸妈妈合作完成。

◆ 必须等所有设计全部完成后，才能开自制CD展销会。

家长和孩子共同协作完成以下任务：

（1）一起寻找生活中的材料。每人准备一块白色纸板（边长约8厘米）、所有材料包中提到的物品。

（2）利用找到的物品，一起尝试设计和制作各自的CD封面。

（3）在封面上，设计者要为自己的CD拟写一个能代表自己是谁的标题（也可以是图片）。封面可以是假设的，但要用能代表这个设计者的标题、音乐和图画去设计和装饰。

（4）在背面，设计者要列出自己CD上的歌曲名（真的或者假设的都可以）。

（5）CD的第一面是关于你自己的音乐，第二面是关于你自己设立的目标歌曲（其实一个真正的CD只有一面）。

（6）等所有设计者都完成后，就可以与大家一起分享并推销自己的CD，开一个自制CD展销会了。

Tip

○ 不能只让爸爸妈妈动脑动手,一定要与爸爸妈妈一起协作完成。

○ 设计和制作过程中,会应用各种工具和资源,一定要注意安全,保护好自己和家人!

○ 尽量设计和装饰得有创意、美观一些。

激流勇进

初级挑战

任务要求	采用生活中的材料	封面有标题	有代表设计者的图片或文字	背面有歌名
完成任务（用"√"表示）				

终极挑战

任务要求	材料多样有创意	设计制作很精美	交流、分享新信息	CD展销会成功举办
完成任务（用"√"表示）				

请看看下面的CD封面，也许可以给你一些启发。

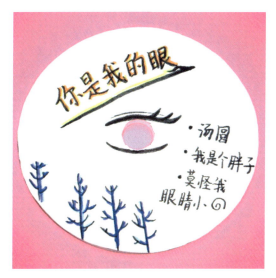

图书在版编目（CIP）数据

OM任我行/许燕主编．—武汉：华中科技大学出版社，2017.6
ISBN 978-7-5680-2884-4

Ⅰ．①O… Ⅱ．①许… Ⅲ．①创造教育–教学研究–小学 Ⅳ．①G622.0

中国版本图书馆 CIP 数据核字（2017）第 117721 号

OM任我行

许 燕 主编

OM Ren Wo Xing

策划编辑：	徐晓琦 范 莹
责任编辑：	陈元玉
封面设计：	杨小川
责任监印：	周治超
出版发行：	华中科技大学出版社（中国·武汉）
	东湖新技术开发区华工园六路　邮编：430223　电话：（027）81321913
录　排：	武汉东橙品牌策划有限公司
印　刷：	湖北新华印务有限公司
开　本：	880 mm×1230 mm　1/16
印　张：	8
字　数：	165 千字
版　次：	2017 年 6 月第 1 版第 1 次印刷
定　价：	46.00元

本书若有印装质量问题，请向出版社营销中心调换
全国免费服务热线：400-6679-118，竭诚为您服务
版权所有　侵权必究